EVERYTHING I KNOW ABOUT

HEALTHCARE

JEREMY HUNT

Everything I Know About Healthcare

Everything I Know About Healthcare

_____
_____
_____
_____
_____
_____
_____
_____
_____
_____
_____
_____
_____
_____
_____
_____
_____
_____
_____
_____
_____
_____
_____
_____
_____
_____
_____
_____
_____
_____
_____
_____
_____
_____
_____
_____
_____
_____

Everything I Know About Healthcare

Everything I Know About Healthcare

Everything I Know About Healthcare

Everything I Know About Healthcare

Everything I Know About Healthcare

Everything I Know About Healthcare

Everything I Know About Healthcare

Everything I Know About Healthcare

61

Everything I Know About Healthcare